NOTE

SUR LA

MESSE GRECQUE

QUI SE CHANTAIT AUTREFOIS

A L'ABBAYE ROYALE DE SAINT-DENIS

LE JOUR DE L'OCTAVE DE LA FÊTE PATRONALE

PAR

M. A. J. H. VINCENT

Membre de l'Institut.

Extrait de la *REVUE ARCHÉOLOGIQUE*

PARIS

AUX BUREAUX DE LA REVUE ARCHÉOLOGIQUE

LIBRAIRIE ACADÉMIQUE — DIDIER et Ce

QUAI DES AUGUSTINS, 35

1864

NOTE
SUR LA
MESSE GRECQUE
QUI SE CHANTAIT AUTREFOIS
A L'ABBAYE ROYALE DE SAINT-DENIS
LE JOUR DE L'OCTAVE DE LA FÊTE PATRONALE

PAR

M. A. J. H. VINCENT

Membre de l'Institut.

Extrait de la *REVUE ARCHÉOLOGIQUE*

PARIS
AUX BUREAUX DE LA *REVUE ARCHÉOLOGIQUE*
LIBRAIRIE ACADÉMIQUE — DIDIER & Ce
Quai des Augustins, 35

1864
Droits de traduction et de reproduction réservés.

NOTE
SUR LA MESSE GRECQUE

QUI SE CHANTAIT AUTREFOIS
A L'ABBAYE ROYALE DE SAINT-DENIS
LE JOUR DE L'OCTAVE DE LA FÊTE PATRONALE.

(*Lue à l'Académie des Inscriptions et belles-lettres le 22 janvier.*)

I

Dans la seconde édition de la *Biographie universelle des Musiciens*, dont le célèbre Directeur du Conservatoire de Bruxelles poursuit en ce moment la publication, on lit à l'article *Ambroise*, un passage qui mérite d'être signalé.

Après avoir rappelé que le chant du *Te Deum* est tiré en grande partie de la psalmodie, mais que le caractère psalmodique disparaît depuis les mots *Æterna fac cum sanctis tuis...*, et enfin que la tonalité change jusques et y compris les mots *usque in æternum*, M. Fétis continue ainsi :

« J'ai cherché longtemps, dit-il, quelle était l'origine de ce chant
« si beau, si solennel, et je l'ai trouvé enfin dans l'*introït* [a] de la
« messe grecque de saint Denys l'Aréopagite, dont la date remonte
« au deuxième siècle, suivant les *Liturgies ou messes des saints*
« *Pères* (1), et qui était chantée longtemps après à l'abbaye de saint-
« Denis, près de Paris, pendant l'octave de la fête de ce saint martyr.
« Voici ce chant dans sa forme primitive (2) :

Κύριε θε-ὸς βασιλεῦ οὐρά-νι..ε ὲε-ὸς πά...τερ παντοκρά-τορ (3).

Ce passage de l'article Ambroise est accompagné des trois notes suivantes :

« (1) ΛΕΙΤΟΥΡΓΙΑΙ ΤΩΝ ΑΓΙΩΝ ΠΑΤΕΡΩΝ. Parisiis, 1560, apud Guil. More-
« lium, *in-fol.*, p. 111. » [*b*]

« (2) *Missa in octava* [*c*] S. *Dionysii Areopagitæ et sociorum martyrum*. Parisiis,
« ex officina Roberti Ballard, 1654, in-4°. » [*d*]

« (3) Cette même formule de chant se trouve onze fois dans l'*Octoechos*, ou livre de
« cantiques de l'église grecque [*e*] dans les huit tons, suivant la vérification récente
« que j'en ai faite. » [*f*]

Ainsi parle M. Fétis. Or, il serait difficile, croyons-nous, d'accumuler dans un si petit espace, un plus grand nombre d'erreurs ou d'inexactitudes, soit théoriques, soit historiques. Nous allons essayer de les indiquer, en suivant l'ordre de nos propres renvois que nous avons distingués par des lettres alphabétiques :

[*a*] La phrase grecque Κύριε Θεὸς n'appartient pas à l'*Introït* où il n'existe rien de pareil : c'est tout simplement, comme on doit le voir et comme il était naturel de le penser, un verset du *Gloria in excelsis* (Δόξα ἐν ὑψίστοις Θεῷ).

[*b*] Il y a ici une erreur complexe. J'ai sous les yeux la page 111 du volume signalé en cet endroit, ce qui rend impossible, à ce qu'il semble, un malentendu de ma part. Or, il est de toute évidence que M. Fétis *n'a pas vu* le volume qu'il cite : la partie du volume comprise entre les pages 111 et 120 de la section grecque, n'est nullement, comme cet auteur paraît le croire et comme il l'affirme, une *Liturgie*, c'est-à-dire une *Messe*, analogue à celles de saint Jacques, de saint Basile, de saint Jean-Chrysostome, contenues dans le même volume ; et l'écrit qu'il se représente comme étant *une Messe*, n'est autre chose qu'un *Traité*, une *Théorie de la Messe*, traité ou théorie ayant pour titre : Περὶ τῶν ἐν τῇ συνάξει τελουμένων, ou *en latin*, d'après la traduction contenue dans le même volume (p. 75-81 de la section latine) : *De missa* [*seu*] *de mysterio synaxeos, sive communionis, ex Dionysio Areopagita* (1). Il n'existe donc aucune raison pour que les notes de plain-chant, ni même pour que le passage grec (Κύριε Θεὸς) cité par M. Fétis, se trouvent dans le volume invoqué ; aussi n'y lit-on rien de semblable (2).

---

(1) Cet écrit a été commenté par Georges Pachymère, sous le titre : Γεωργίου τοῦ Παχυμέρη παράφρασις εἰς τὸν περὶ τῆς ἐκκλησιαςικῆς ἱεραρχίας λόγον, dans le volume intitulé : *Georgii Pachymeræ paraphrasis in omnia Dionysii Areopagitæ, Athenarum episcopi, opera quæ extant* (gr. et lat. Paris. 1561. G. Morel.), p. 115-193.

(2) On trouve bien dans le 2ᵉ vol. de Renaudot, *Liturgiarum orientalium collectio*

[c] Est-ce la peine de faire remarquer ici en passant qu'au lieu de dire : *pendant l'octave de la fête*, c'est par : *le jour de l'octave* que M. Fétis eût dû traduire les mots *in octava* ?

[d] J'ai également sous les yeux le volume imprimé chez Ballard, non en 1654, mais en 1658; et voici la manière dont y est noté le chant du verset allégué :

Κύ-ρι- ε   θε-ὸς   βασιλεῦ   οὐρά - ν.- ε   θε-ὸς   πά . . τερ παντοκράτορ

ce qui est, on le voit, fort différent de la leçon de M. Fétis; mais comme c'est ici le point capital de la question, j'y dois insister tout particulièrement. Or, outre l'édition de Ballard, je puis invoquer encore une édition de 1777 ayant pour titre : *Messe grecque en l'honneur de saint Denys, apôtre des Gaules, premier évêque de Paris....., selon l'usage de l'abbaye de Saint-Denys en France, pour le jour de l'octave..... Paris, Lottin,* 1777. Le verset précédemment cité est noté dans cette édition comme dans celle de 1658.

De plus, j'ai entre les mains un manuscrit in-8° daté de 1764, exécuté avec luxe et vraisemblablement pour l'usage personnel d'un dignitaire du chapitre (1) : le verset cité y est noté comme dans les éditions.

Mais ce n'est pas tout : l'importance que M. Fétis attache à la découverte qu'il dit avoir faite *dans l'introït* (pour employer ses propres paroles) de la messe grecque de saint Denys l'Aréopagite, et qu'y attacheraient incontestablement comme lui, si la découverte était prouvée, tous ceux que ces questions intéressent, cette importance, dis-je, m'a engagé à pousser plus haut mes investigations.

D'abord, M. Fétis cite une édition de Ballard comme étant de 1654.

(Paris. 1716) p. 202, un fragment de Liturgie sous le nom de saint Denys évêque d'Athènes; mais ce fragment n'a aucun rapport de composition avec la Messe dont il s'agit ici.

(1) Il y aurait ingratitude de ma part à ne pas déclarer ici que je dois, non-seulement la connaissance, mais encore la possession de ce manuscrit à l'obligeance et à l'amitié de M. T. Pinard, bibliophile distingué (et l'un des collaborateurs de cette *Revue*), qui a le mérite, peut-être assez rare, d'estimer les livres à proportion de leur valeur intrinsèque, c'est-à-dire en raison des données utiles qu'ils peuvent fournir. M. Pinard, informé de mon projet de travail sur la messe grecque de saint Denys, s'est empressé de me céder son précieux manuscrit, renchérissant ainsi sur la généreuse devise : *mihi et amicis;* celle de M. Pinard est : *non mihi sed amicis.*

Or, j'ai fait une recherche à fond dans toutes les bibliothèques publiques de Paris pour découvrir cette édition ; *elle n'existe nulle part :* aucun des savants bibliothécaires à qui je me suis adressé à cet effet n'en a connaissance. Elle est inconnue à la Bibliothèque impériale, aux bibliothèques du Louvre, de l'Arsenal, de la Sorbonne, de Sainte-Geneviève, à celle du Chapitre de Saint-Denis; enfin (1) elle n'est mentionnée dans aucun Catalogue connu.

La Bibliothèque Mazarine possède (sous le n° 1387 C) un splendide manuscrit sur vélin, de format *in-folio maximo*, ayant appartenu à l'Abbaye de Saint-Denys et contenant la messe grecque dont il est ici question. Ce manuscrit, qui m'a été signalé par M. Daremberg, est certainement celui qui figurait au lutrin le jour de l'octave de la fête. Eh bien! la phrase mentionnée y est accompagnée des mêmes notes de chant que dans les éditions de 1658 et de 1777.

Que conclure de tout cela? L'expérience, il est vrai, a prouvé bien des fois combien il peut être téméraire de nier l'existence d'un livre uniquement parce qu'on ne l'a jamais vu et qu'on n'en a rencontré de traces nulle part. Néanmoins, qu'il nous soit permis de rappeler la note [b] (ci-dessus), relative aux Liturgies des saints Pères si singulièrement invoquées par M. Fétis. Avec le degré de confiance que méritent de semblables citations, on pourra bien, je suppose, affirmer sans crainte que l'édition de 1654 n'existe que dans l'imagination de M. Fétis.

Au surplus, et pour le cas inespéré où la preuve du contraire pourrait être fournie, je démontrerai dans un instant, qu'une semblable édition existât-elle en réalité, avec les circonstances alléguées par le célèbre musicologue, ce document ne saurait prétendre à l'autorité que M. Fétis se plaît à lui attribuer, et l'on ne pourrait en aucune manière souscrire aux conclusions qu'il en tire relativement au chant original du *Te Deum*; mais auparavant j'ai un mot à dire au sujet de sa note 3.

[e] Voici d'abord, relativement à l'*Octoéchos* qui serait un *livre de cantiques* suivant cette note, quelques renseignements fournis par Léon Allatius dans son traité *De libris et rebus ecclesiasticis Græcorum* (in-4, Paris, Cramoisy, 1681, p. 64 et 65) : *Errant*, dit le

---

(1) Je dois ce dernier renseignement aux obligeantes recherches de M. P. Lacroix dont l'autorité en ce genre est irrécusable.

Il existe bien, de 1655 (Paris. Lud. Sevestre), un volume sous le titre : *Officia propria regalis monasterii S. Dionysii Areopagitæ in Francia;* mais *la Messe* ne faisant pas partie de l'*Office* proprement dit ou du *bréviaire*, dont ce volume est une annexe, il s'ensuit que ce dernier est totalement étranger à la question.

savant écrivain, *et maximum in modum errant, qui ex rituali Græcorum hauriunt* ἦχον *esse cantici nomen in liturgia..... Continet (Octoechus) tantum Troparia et Canones qui a primis vesperis Dominicæ ad finem usque Missæ canuntur. Et octo Dominicis pro tonorum numero finitur..... Scio in liturgia cantica quoque varia concini : sed quid hoc ad Echum, quo cantica ipsa et canentium voces mensurantur?*

Après un pareil démenti, appuyé d'une telle autorité, n'est-il pas évident que M. Fétis connaît l'Octoéchos comme il connaît les Liturgies des saints Pères, c'est-à-dire par des citations qu'il n'a pu vérifier ou qu'il a mal interprétées? Ajoutons cependant quelques mots à ce sujet.

Il existe plusieurs éditions de l'Octoéchos, généralement imprimées à Venise ; mais elles ne contiennent que le texte, sans notes musicales. Il n'y a pas, en effet, plus de quarante ou cinquante ans, qu'un grec, nommé Thamyris, avait commencé d'imprimer à Paris, pour l'usage de ses compatriotes, des livres de musique liturgique qui furent à peu près tous expédiés en Orient, ainsi que les caractères fondus *ad hoc;* mais cette œuvre est restée incomplète, et je crois pouvoir affirmer que le recueil nommé Octoéchos n'est pas au nombre des livres ainsi imprimés. Aussi Adrien de Lafage, homme très-instruit en ces matières, ayant à citer l'Octoéchos, ne mentionne que l'édition de Venise datée de 1610, édition qui ne contient aucune note musicale (1).

Quoi qu'il en soit, je ne veux pas nier cependant que les caractères neumatiques grecs une fois fondus, on n'ait pu les employer à la reproduction d'un Octoéchos complet, quoique mes soins pour être renseigné sur toutes les publications analogues ne m'aient rien fait connaître à ce sujet. J'admettrai même que M. Fétis ait en sa possession quelque manuscrit de l'Octoéchos *noté*, et que, trompé par quelque fausse indication, il ait cru y voir un livre de cantiques.

[*f*] Mais maintenant et dans cette hypothèse, examinons un peu quel fond l'on peut faire sur l'assertion de M. Fétis, que, suivant une *vérification récente*, il aurait trouvé *onze fois* dans l'Octoéchos la formule de chant si remarquable qui jusque-là ne s'était rencontrée que dans le *Te Deum*.

---

(1) V. Ad. de Lafage, *Essais de diphthérographie musicale*, p. 498, ouvrage posthume publié tout récemment.

Ici se présentent bien des difficultés, bien des objections. D'abord il faut savoir que, si l'étude et le déchiffrement des neumes latins est un travail des plus ardus, les neumes grecs, malgré l'emploi des μαρτυρίαι ou *témoins* (1), offrent des difficultés bien autrement graves, et d'autant plus graves, que les chants grecs étant établis sur des échelles entièrement différentes de l'échelle grégorienne (fait que M. Fétis paraît ignorer ou méconnaître), on peut dire qu'en réalité, la musique grecque actuelle n'est pas plus traduisible exactement en musique européenne, que les mots de la langue arabe par exemple, avec ses aspirations gutturales de différents degrés, ne sont susceptibles d'être exactement représentés par les caractères de l'alphabet latin.

Si donc M. Fétis nous disait qu'après un travail long et pénible, en adoptant telle ou telle règle de traduction plus ou moins plausible (règle dont la divulgation eût été un véritable service rendu à la science)... s'il nous disait qu'en apportant le soin le plus minutieux dans cette transcription, il avait cru reconnaître une douzaine de fois dans l'étendue considérable de l'Octoéchos, une certaine formule que l'on pourrait avec vraisemblance assimiler à la phrase alléguée du *Te Deum* : si surtout il avait pris la peine de donner le signalement du volume, imprimé ou manuscrit, dans lequel il avait fait cette importante découverte, sans oublier le *fac-simile* de l'un au moins de ces passages caractéristiques... oh ! alors, on aurait pu se trouver favorablement disposé à accepter, sous bénéfice d'inventaire, les assertions de M. Fétis. Mais, faute d'avoir rempli ces formalités essentielles, faute de s'être conformé à ces règles vulgaires d'une bonne critique, comment le célèbre académicien nous empêchera-t-il de nous rappeler tant de motifs de récusation que j'ai surabondamment fait valoir (2) dans ma *Réfutation de son Mémoire.... sur l'harmonie simultanée des sons* [chez les Anciens], et sur lesquels je veux m'abstenir de revenir ici.

Mais allons plus loin, et parlons sans détour. M. Fétis s'est essayé dans la traduction des neumes latins ; on peut voir dans les *Drames liturgiques du moyen âge,* de M. De Coussemaker (p. 3 et 314), comment il a traité le *Mystère des vierges folles ;* on peut voir encore dans le n° 15 des publications de la *Société archéologique de*

---

(1) Voir mon article sur l'*Histoire de l'harmonie au moyen âge* par M. De Coussemaker (*Le Correspondant,* 25 juin 1853).

(2) *Réponse à M. Fétis,* etc., dans les *Mémoires de la Société impér. de Lille,* année 1859.

Montpellier, l'essai de traduction qu'il y a donné de ce chant remarquable de la *Prose du dernier jour*, découverte par M. Paulin Blanc dans un manuscrit d'Ariane. Eh bien ! que l'on compare ce spécimen avec la traduction complète, traduction étudiée, raisonnée, méritant toute confiance, qu'en a publiée récemment (1) M. l'abbé Tesson : alors, on sera suffisamment édifié sur la manière dont M. Fétis comprend les neumes latins.

En effet, voici le bilan exact de cette opération, en faisant toutefois abstraction d'une addition de rhythme tant soit peu arbitraire, circonstance sur laquelle il serait trop sévère d'insister. Je remarque donc, en ayant égard seulement aux intonations, que le nombre des notes de la strophe traduite par M. Fétis (y compris les petites notes que l'on pourrait considérer comme de grosses fautes) est de cent vingt-cinq suivant lui, et de cent dix-sept suivant M. l'abbé Tesson. Or, sur ces cent dix-sept notes, soixante et onze seulement sont données exactement par le savant professeur belge ; les quarante-six autres, auxquelles nous devons joindre les huit notes ajoutées, sont fautives : c'est approximativement deux notes fausses sur cinq ; à quoi il faut ajouter cette faute capitale, que, dans la version de M. Fétis, le morceau ne se termine pas sur la finale du premier mode, dans lequel il est écrit, mais à la seconde note au-dessus !

Quoi qu'il en soit, on aura sans doute le droit de se demander comment M. Fétis pourrait apporter dans l'interprétation des neumes grecs, une plus grande habileté que dans celle des neumes latins, surtout après les preuves de sa science en musique ancienne auxquelles j'ai renvoyé tout à l'heure ; et l'on comprendra, si l'on peut, comment, sans hésitation, M. Fétis a su *onze fois*, pas une de plus, pas une de moins, appliquer un doigt magistral sur une formule diatonique représentée peut-être par une notation chromatique.

II

C'en est assez peut-être pour que le lecteur soit maintenant à même de porter un jugement sur la découverte de M. Fétis. Entrons cependant un peu plus avant dans la question qu'il a soulevée, et, en terminant par quelques mots sur la messe grecque de Saint-Denis, faisons voir que, quand bien même il en existerait une édition de 1634, avec la variante importante donnée par notre auteur, édition

---

(1) Chez Lecoffre. — Comparez l'ouvrage cité plus haut, de M. De Coussemaker.

et variante qui, cela est fort à craindre, ne sont pas destinées à se produire jamais au grand jour, faisons voir, dis-je, que l'on ne serait aucunement autorisé à y reconnaître l'origine d'une phrase du *Te Deum*, mais qu'au contraire ce serait dans cette hymne célèbre que l'on devrait bien plutôt chercher le prototype de la phrase Κύριε θεὸς telle qu'elle se trouverait, par hypothèse, dans l'édition supposée de 1654.

En effet, essayons de rechercher comment l'usage de chanter la messe en grec s'est établi dans l'église de Saint-Denis.

Dom Félibien n'en dit mot; mais dans le *Traité des antiquités de Saint-Denys*, publié en 1625 par Jacques Doublet, ancien religieux de cette abbaye, au chapitre 48 du Ier livre, sous ce titre : *Des belles cérémonies qui s'observent en l'église au divin service*, nous voyons : 1° (p. 361) qu'« ès festes solennelles l'on chante double « épistre et double évangile (l'un en latin et l'autre en grec), et ce, « en commémoration de l'apostre de France, sainct Denys l'Aréopa- « gite, qui estoit Grec de nation, etc.; » et plus loin : 2° (p. 366) « que « le jour de l'octave de la feste de sainct Denys, l'on chante toute la « messe en grec, mesme le célébrant chante le *Gloria in excelsis* et « le *Credo* en grec, et sont aussi chantées deux épistres et deux évan- « giles, etc., etc. »

On voit par là que cet usage du chant grec pour une partie de l'office, a pour origine la croyance que saint Denis, apôtre des Gaules, est le même que saint Denys l'Aréopagite. Or cette opinion, étrangère à l'objet que je traite, et sur laquelle je n'ai point à m'expliquer ici, paraît s'être établie en France vers les VIIIe et IXe siècles. Mais ce qu'il est important de remarquer, c'est que cette messe grecque n'est nullement une Liturgie spéciale comme celles de saint Basile, de saint Jean-Chrysostome ou de saint Jacques, dont j'ai parlé plus haut; et l'on voit de plus comment elle s'est formée petit à petit (1) par la simple traduction des seules parties chantées de la messe latine, ainsi que le remarque formellement la préface anonyme de l'édition de 1777 : car le canon et les autres parties que le prêtre dit *secreto*

---

(1) D. Martène (*De antiquis Ecclesiæ Ritibus*, Antv. 1736) cite divers exemples plus ou moins anciens de l'emploi de la langue grecque dans certaines parties de la liturgie gallicane; or voici ce qu'il dit (t. I, p. 281 D) au sujet de l'abbaye de Saint-Denys : *Hodie* (expression à noter) *hodie in percelebri S. Dionysii in Francia monasterio epistola et evangelium in quinque præcipuis festivitatibus græce et latine pronunciantur. In octava vero S. Dionysii quidquid a choro in missa præcinitur totum græco sermone canitur.*

ou à voix basse, n'avaient point été traduites en grec : « le grec n'a « lieu, dit cette préface (p. xiii), que pour les parties chantées ».

Il est d'ailleurs facile de prouver directement que ces fragments grecs ne sont en effet, comme je viens de le dire, qu'une traduction des parties correspondantes de la messe célébrée suivant le rit latin; et parmi les diverses preuves que j'en pourrais donner, je me bornerai à une seule qui est aussi concluante qu'elle est curieuse.

On sait que le mot *missa* n'est pas employé dans les liturgies grecques, et que, pour désigner le saint sacrifice, les Pères qui ont écrit dans cette langue se servent des mots σύναξις, λειτουργία, κοινωνία, ou bien encore τελετή, εὐχαριστία.

Quant au mot *missa* en lui-même, on l'a interprété de diverses manières. Quelques auteurs, au nombre desquels il faut compter les Cardinaux Bona et Bellarmin, le prennent, d'après saint Isidore de Séville, dans le sens d'un *renvoi* ou *congé*, donné, soit à une partie de l'assistance, aux catéchumènes, soit, comme postérieurement, à l'assistance entière : *Missa simpliciter sumitur pro missione*, dit Bellarmin. Mais à ces graves autorités on peut en opposer d'autres qui ne leur sont peut-être point inférieures, celles de Reuchlin, de Seb. Munster, et d'autres encore. Voici, par exemple, comment s'exprime Reuchlin dans son dictionnaire : מַס *Munus personale,... tributum, census... inde venit per additionem* ה *hé literæ in fine,* מִסָּה *id est oblatio* (1)... *Quod nomen nos Christiani sacrificio nostro retinuimus usque ad hoc tempus, ut a nobis appelletur Missa, quod a Græcis Liturgia. Nota igitur quod Missa neque Græcum, neque Latinum est, sed Hebraicum; sicut Pascha...* (2). Ce serait certainement excéder, sous plus d'un rapport, les limites de ma compétence, que de prétendre décider entre ces deux opinions. Mais quoi qu'il en soit à cet égard, dès lors qu'on avait pris le parti de traduire en grec le mot *missa* en repoussant l'opinion de Reuchlin pour adopter celle de saint Isidore, que devait-on faire? il fallait choisir un substantif exprimant l'idée de *renvoi*, de *congé*, de *missio* ou *dimissio*. Au lieu de cela qu'ont fait les traducteurs? et imaginerait-on comment ils ont rendu en grec la formule *Ite missa est?* Ils ont tout simplement considéré

---

(1) *Deuteron.* 16. — Cf. Hector Pintus *In Isai.* cap. 31 : *oblatio, sacrificium.*

(2) A ce sujet voyez J. S. *Duranti · De Ritibus ecclesiæ catholicæ* (Lyon, 1606), lib. II, cap. I. — Cf. J. *Corbin : Preuves du nom de la messe et de son antiquité* (Paris, 1620, in-8º). Ce livre rare, dont je suis également redevable à la parfaite abnégation de M. Pinard (V. plus haut, p. 5), contient une masse de preuves accumulées en faveur de l'opinion de Reuchlin.

le mot *missa* comme le participe féminin du verbe *mitto*, et ont en conséquence, dans l'édition de 1777, traduit la formule citée, par les mots Ἄπιτε, πεμπομένη ἐστί. A quoi, demandera-t-on naturellement, peut se rapporter le mot πεμπομένη? c'est ce qu'il serait sans doute assez difficile d'expliquer. Au surplus, il faut observer que la traduction du verset *Ite missa est* (traduction qu'on a imitée depuis) ne se trouvait pas encore dans l'édition de 1658, et que dans le manuscrit de 1764 dont j'ai parlé, au lieu du verset Ἄπιτε, πεμπομένη ἐστί, et du répons Θεῷ εὐχαριστῶμεν, on a mis, avec plus de raison ce me semble, du moins pour le verset prononcé par le prêtre : Ἄπιτε, ἄφεσίς ἐστι, et Θεῷ χάριτας. Voilà d'ailleurs, il faut l'avouer, bien des tâtonnements.

En faut-il davantage pour faire voir que la composition de cette messe, tout inspirée qu'elle fût par la piété des moines de Saint-Denis envers leur patron, n'en reste pas moins une œuvre de pure fantaisie et (je demande grâce pour l'expression) un véritable pastiche calqué sur la messe latine.

Mais ce n'est pas tout : la question me paraissant assez intéressante pour être abordée directement, j'ai voulu remonter à l'origine même de cette messe grecque, et je crois l'avoir véritablement trouvée, je ne dirai pas dans le *Te Deum*, mais dans trois beaux manuscrits provenant de l'Abbaye de Saint-Denis. Ces trois magnifiques volumes, dont je dois la communication à l'obligeance de mon confrère M. Léopold Delisle, et à celle de M. Claude si connue depuis longtemps des érudits qui fréquentent le département des Mss. de la Bibliothèque impériale, appartiennent aujourd'hui à cette bibliothèque, et y sont classés parmi les manuscrits latins de format in-4°, sous les n°s 2290, 9387, et 9436 (1).

Or, pour que le résultat de mes recherches offrît toutes les garanties que l'on a le droit d'exiger, j'ai cru ne pouvoir mieux faire

---

(1) D. Martène (*Ibid.*, t. I, p. 518) cite en ces termes deux précieux manuscrits qu'il dit avoir consultés : 1° *Antiquus liber sacramentorum circa tempora Caroli magni scriptus et inclyto monasterii (S. Dionysii) thesauro asservatus.* — 2° *Ejusdem monasterii alius sacramentorum liber annorum circiter 800. Ex bibl.* Colbert. 2585.

Or, il résulte d'une note que mon savant confrère M. L. Delisle a bien voulu me remettre à ce sujet : 1° que le manuscrit 2585 de Colbert est celui même qui porte aujourd'hui à la Bibl. impér. le n° 2290 ; et 2° que, quant à l'autre manuscrit cité par Martène, il pourrait être à la rigueur le même que le n° 9436, quoique celui-ci ne date pas du temps de Charlemagne (il est du Xe siècle): « Le savant auteur du *De ri-tibus* aura été, dit M. Delisle, induit en erreur sur l'âge d'un manuscrit qu'il « n'avait peut-être pas vu lui-même. »

que de recourir aux lumières de M. l'abbé Raillard dont l'habileté dans l'interprétation des neumes latins a été reconnue et deux fois sanctionnée par l'Académie (1). J'ai donc prié le savant ecclésiastique d'examiner par lui-même les manuscrits cités plus haut, et de vouloir bien me donner la traduction ou l'analyse de ce qui pouvait s'y trouver de relatif au sujet que je traite. Je vais transcrire ici la note qu'il a eu l'obligeance de me remettre en conséquence :

« Le beau missel n° 9436 contient la messe latine de Saint-Denis, avec des parties propres pour chaque jour de l'octave de la fête; mais on n'y trouve aucune messe entièrement grecque. C'est sur deux feuillets, placés en manière de hors-d'œuvre, en tête du manuscrit, que l'on trouve le *Gloria* et le *Credo* seulement, traduits en grec. Il y a au même endroit deux autres *Gloria* latins, avec des chants qui sont encore en usage; le premier a le chant du *Gloria* de la messe grecque de Saint-Denis d'après les éditions de 1658 et 1777; et ce chant est un de ceux qui sont en usage dans l'église latine depuis bien des siècles : car on le trouve dans les manuscrits de Saint-Gall et d'Einsiedeln, du IXe siècle. Il y a encore, sur le même feuillet, des *Sanctus* et des *Agnus Dei* latins, avec des chants bien connus.

« Enfin, on trouve dans ce même manuscrit, le *Gloria in excelsis* traduit en grec, avec une notation neumatique; mais le chant appliqué à la phrase citée par M. Fétis, s'il diffère de celui des éditions, ne diffère pas moins essentiellement de celui que donne cet auteur. En effet, tandis que, par exemple, M. Fétis donne seulement *quatre* notes et les éditions *trois* au mot Κύριε, le missel manuscrit de Saint-Denis en présente *dix* sur ce même mot. M. Fétis et les éditions ne mettent que *trois* notes sur le mot βασιλεῦ, et le missel de Saint-Denis en met jusqu'à *treize*. Mais je découvre dans le chant reproduit par M. Fétis des particularités qui me font très-fortement douter que cette reproduction soit exacte. D'abord, il donne à la syllabe νι du mot οὐράνιε, *trois* notes descendantes qui sont des losanges, ce qui est sans exemple dans les livres de chant, soit imprimés, soit manuscrits du XVIIe siècle. « Toutefois, on pourrait dire qu'il y a ici une faute d'impression, et

_____

(1) M. l'abbé Raillard a obtenu de l'Académie des Inscriptions et belles-lettres, en 1860, une médaille pour son *Explication des neumes*, et en 1861, un rappel de médaille pour son *Mémoire sur la restauration du chant grégorien*, ouvrage que, joignant la pratique à la théorie, il a complété depuis (1862) dans un recueil de *Chants grégoriens restaurés* qui sont maintenant exécutés avec succès dans plusieurs églises.

« que les deux premières notes appartiennent à la syllabe ρά et la
« dernière seule à la syllabe νι. Mais ce qui ne peut pas être une
« faute du typographe, ce sont les trois notes losanges ascendantes
« du mot suivant θεός, ce qui est bien plus extraordinaire encore que
« ce qui précède. Enfin, je vois encore sur le mot πάτερ, une suite de
« quatre notes descendantes dont les deux dernières seulement sont
« des losanges, ce qui est également sans exemple pour la même
« époque.

« A l'égard du manuscrit 2290 ayant pour titre *Sancti Gregorii*
« *sacramentarium* (et qui est du IXe siècle), il contient, de même au
« commencement, les *Gloria*, *Credo*, *Sanctus* et *Agnus Dei*, traduits en
« grec mais écrits en caractères latins, et sans chant. La traduction
« du *Gloria* est identique à celle du missel n° 9436, et l'on y trouve
« de plus (ce qui est digne d'attention) la rubrique suivante, écrite
« en lettres d'or : *Dicitur Gloria in excelsis Deo si episcopus fuerit*
« *tantummodo die dominico sive diebus festis : a presbyteris autem*
« *minime dicitur nisi solo in Pascha.*

« Quant à la messe grecque telle qu'on la trouve dans les éditions
« citées, le texte n'est, depuis l'*Introït* jusqu'à l'*Ite missa est*, que la
« traduction exacte de la messe latine du jour de la fête de Saint-
« Denis; et le chant est exactement aussi celui de la messe latine
« des éditions de Ballard. »

Ainsi se termine, pour deux des trois manuscrits cités, l'intéressante
note de M. l'abbé Raillard. Mais ce n'est pas tout : relativement à
l'évangéliaire n° 9387, du Xe siècle, M. Claude a bien voulu faire
pour moi, sur ce dernier manuscrit, une étude longue et pénible
dont je me plais à lui témoigner toute ma reconnaissance, et dont je
ne puis, malheureusement, transcrire ici que le résultat sommaire,
en espérant toutefois qu'il se présentera pour mes lecteurs, une
autre occasion de connaître en entier cet excellent travail.

« Le volume se compose des épîtres et évangiles des dimanches et
« fêtes de l'année en latin, écrits en lettres d'argent sur vélin pour-
« pre. De plus, entre les fol. 152 et 162, se trouve un cahier, aussi
« de vélin pourpre, qui paraît y avoir été inséré au XIIIe siècle, où
« sont écrits, en grec et en lettres d'or, les épîtres et évangiles de
« certaines grandes fêtes de l'année, c'est-à-dire de la Nativité, de
« la Dédicace de l'église de Saint-Denys, des fêtes de Pâques et de
« la Pentecôte, et enfin de la fête même de Saint-Denys l'Aréopa-
« gite, fêtes dont on avait coutume de célébrer la messe, en tout ou
« en partie, en grec, à l'abbaye de Saint-Denys. De plus, quelques-
« uns des mêmes évangiles grecs se retrouvent transcrits en carac-

« tères cursifs romains, du xivᵉ, du xvᵉ, et même du xviᵉ siècle, sur
« deux feuillets restés en blanc, soit à la suite du cahier, soit au
« commencement du volume; et la transcription a été faite de ma-
« nière à figurer la prononciation grecque moderne, sans tenir
« compte de l'orthographe, et sans doute pour en faciliter la
« lecture.

« Il faut noter particulièrement (fol. 159 v°) un passage du livre
« de la Sagesse (*Sapient. Sirach*, XXXIV, 8-11; *vulgat. lib. Eccle-*
« *siast.*, XXXI, 8-11), qui paraît être de la fin du xivᵉ siècle ou du
« commencement du xvᵉ, et dont l'orthographe est si mauvaise
« qu'elle permet à peine de retrouver le texte sous l'écorce étrange
« dont elle le couvre..... Le texte du manuscrit présente d'ailleurs
« de nombreuses variantes avec le texte grec; d'où l'on peut conclure
« que ce texte n'est qu'une traduction en grec barbare de la Vulgate
« latine, qui, dans cette partie de l'ouvrage de Jésus fils de Sirach,
« diffère, en beaucoup d'endroits, du texte grec..... Cette traduction
« aurait donc été faite pour rendre la lecture de l'épitre en grec plus
« conforme à la leçon latine, et, par conséquent, plus orthodoxe. »

Après ces explications, parfaitement conformes à celles que donne
D. Doublet, il ne doit rester de doute pour personne que les trois
manuscrits cités contiennent le premier germe, pour ainsi dire, de
la messe grecque de Saint-Denis; d'où résulte invinciblement qu'au
xᵉ siècle, l'Épitre, l'Évangile, le *Gloria* et le *Credo* (ajoutons-y le
Kyrie pour ne rien omettre), comprennent tout ce qu'il y avait de
grec dans cette messe; et spécialement, qu'il ne s'y trouvait rien
que l'on puisse revendiquer en faveur du *Te Deum*, pas plus que cet
hymne n'avait contribué à la composition de la messe.

Maintenant supposons, pour rentrer tout à fait dans le sujet et
tirer la conclusion annoncée par nos prémisses, supposons que dans
l'intervalle du xᵉ siècle au xviiᵉ, on ait eu la pensée de composer un
quatrième chant de la messe grecque, pour ajouter encore à la
variété des diverses fêtes (puisque nous venons de voir qu'il y avait
trois leçons différentes employées à modifier le chant du commun
de la *messe* suivant le degré de solennité); supposons encore que
cette quatrième messe se trouve précisément dans cette édition de
1654 (que sans doute personne ne verra jamais qu'en songe), et que
la phrase Κύριε θεὸς soit réellement, *non dans l'Introït*, ce qui est
ridicule et impossible, mais à sa place dans le *Gloria* : eh bien!
qu'en pourra-t-on conclure? rien, si ce n'est qu'une phrase du *Te
Deum*, peu usitée ailleurs, aura contribué à faire les frais de composition de cette quatrième messe : voilà tout. Au reste, pour en dire plus

long à ce sujet, nous attendrons, puisque l'édition de 1654 est devenue introuvable, que, pour y suppléer, M. Fétis nous ait procuré quelque autre moyen de faire connaissance avec ce curieux document qui remonte au deuxième siècle suivant les Liturgies des saints Pères, cette Messe où le *Gloria* sert d'*Introït*, enfin, ce chant où se trouve le remarquable passage contenu onze fois dans l'octoéchos ou livre de cantiques de l'église grecque.

Ce sera là un sûr moyen de fermer la bouche aux lecteurs de mauvaise volonté, qui, méconnaissant les mérites incontestables de la Biographie universelle des musiciens, concluant du particulier au général, et jugeant dix volumes d'après dix lignes, ne voudraient voir dans ce beau monument élevé à l'histoire de la musique, autre chose qu'une mystification monumentale.

Paris — Imprimerie PILLET fils aîné, rue des Grands-Augustins, 5.

Librairie académique DIDIER et Cⁱᵉ, quai des Augustins, 35, à Paris.

REVUE
ARCHÉOLOGIQUE

OU

RECUEIL DE DOCUMENTS ET MÉMOIRES RELATIFS A L'ÉTUDE DES MONUMENTS
A LA NUMISMATIQUE ET A LA PHILOLOGIE
DE L'ANTIQUITÉ ET DU MOYEN AGE

PUBLIÉS PAR

MM. le vicomte de ROUGÉ, de LONGPÉRIER, F. de SAULCY, A. MAURY, Léon RENIER, le duc de LUYNES, HITTORFF, MILLER, EGGER, BEULÉ, BRUNET DE PRESLE, membres de l'Institut: VIOLLET-LE-DUC, architecte du Gouvernement; le général CREULY, Alexandre BERTRAND, le baron J. de WITTE, CHABOUILLET, de la Société des antiquaires de France; Aug. MARIETTE, DEVÉRIA, conservateurs du Musée du Louvre; VALLET DE VIRIVILLE, professeur à l'Ecole des Chartes; PERROT, HEUZEY, SALZMANN, de l'Ecole d'Athènes, etc. Et les principaux archéologues français et étrangers.

NOUVELLE SÉRIE

La *REVUE* a déjà publié entre autres travaux intéressants : l'*Eglise de Saint-Denis* ; l'*Album de Villard de Honnecourt*, etc., par M. VIOLLET-LE-DUC. — *Etudes sur le Rituel funéraire des Egyptiens*; sur *le roi Pianchi Mériamoun*, etc., par M. DE ROUGÉ. — *Expéditions de Jules César*, etc., par M. F. DE SAULCY. — *Pompéi et Petra*, etc., par M. HITTORFF. — *Habitations lacustres de Suisse*, par M. F. TROYON. — *Etudes sur le vieux Paris*, par M. AD. BERTY. — *Collections archéologiques*; les *Voies romaines*; la *Carte de la Gaule*, etc., par MM. ALEX. BERTRAND et le général CREULY. — *Spicilegium de monuments écrits des Etrusques*, par M. le comte CONESTABILE. — *Lettres* de M. MARIETTE sur *les résultats de ses fouilles en Égypte*. — *Du véritable usage de l'amentum*, par M. P. MÉRIMÉE. — *Sur deux médailles relatives à Jeanne Darc*, par M. VALLET DE VIRIVILLE. — *Páris et Eros*, etc., par M. J. DE WITTE. — *Le Vase de la reine Cléopâtre*, etc., par M. F. LENORMANT. — *Les Muses ilissiades; Mercure criophore*, par M. E. BEULÉ. — *Sur un nouvel itinéraire de la Gaule*, etc., par M. R. GARRUCCI, et diverses études de MM. EGGER, MILLER, RENAN, LÉON RENIER, de l'Institut; CHABOUILLET, G. PERROT, DE VOGÜÉ, l'abbé COCHET, EDM. LE BLANT, PENGUILLY-L'HARIDON, DEVÉRIA, VIVIEN DE SAINT-MARTIN, HENZEN, ANAT. DE BARTHÉLEMY, S. PRIOUX, MENANT, AUBERT, THUROT, CERQUAND, ED. DU MÉRIL, SALZMANN, WESCHER, FOUCARD, THÉNON, JUDAS, etc., etc.

Pour l'année présente nous pouvons annoncer : la *Carte de la Gaule de Peutinger rectifiée* et un Mémoire sur les *Emigrations des anciennes races*, par M. A. MAURY; des articles de M. de SAULCY sur la *Pourpre dans l'antiquité*, sur le *Musée du Caire* et sur l'*Exploration récente qu'il a faite de l'Ammonitide*; de M. LARTET sur l'*Existence de l'homme en Gaule à l'époque du renne et de l'ours des cavernes*; de M. TH. HENRI MARTIN, de Rennes, sur les *Prédictions d'éclipses dans l'antiquité*; de M. le général CREULY sur la *Légion romaine*; de M. A. BERTRAND sur les *Monuments dits celtiques hors de la Gaule et sur les populations et les antiquités de la Gaule au temps de César*; de M. A. de BARTHÉLEMY sur l'*Art Gaulois avant la conquête*; de MM. de ROUGÉ, MARIETTE et DEVÉRIA sur les *Antiquités de l'Egypte*; de M. LÉON RENIER sur diverses *Inscriptions latines inédites*, etc., etc. En résumé, la *Revue* met au courant de toutes les questions si importantes de Géographie ancienne, de Linguistique, d'Anthropologie et d'Archéologie pure que soulève aujourd'hui la science.

MODE ET CONDITIONS DE L'ABONNEMENT :

La *Revue archéologique* paraît chaque mois par cahiers de 64 à 80 pages grand in-8°, qui forment, à la fin de chaque année, deux volumes ornés de planches gravées sur acier et de gravures sur bois intercalées dans le texte. Indépendamment de la table des matières du semestre, une table alphabétique, destinée à faciliter les recherches, termine chaque année.

PRIX : pour Paris : Un an, 25 fr. — Pour les départements : Un an, 27 fr.

Les années 1860 à 1863, formant les 8 premiers vol. de la nouvelle série, coûtent chacune 25 fr. (franco). On traite de gré à gré pour le payement.